Index Card

Games

for

Spanish

Revised, Second Edition

Adapted by Jackie Blencowe
Edited and revised by
Beatriz Céspedes de Fantini
Illustrated by Patrick R. Moran

PRO LINGUA ⬤ ASSOCIATES

Published by Pro Lingua Associates
15 Elm Street
Brattleboro, Vermont 05301 USA

SAN 216-0579

802-257-7779
800-366-4775

> *At Pro Lingua,*
> *our approach is to foster*
> *an approach to learning and teaching that*
> *we call **Interplay**, the **inter**action of language*
> *learners and teachers with their materials,*
> *with the language and culture, and*
> *with each other in active, creative,*
> *and productive **play.***

This book was first published jointly with The Experiment Press which is
now out of business. The book was set in Caledonia with Caslon display
type by Stevens Graphics of Brattleboro, Vermont, and revised by AA Burrows. It wasprinted and bound by BookCrafters of Chelsea, Michigan.

Designed by Arthur A. Burrows.

ISBN 0-86647-112-X

Library of Congress Cataloguing in Publication Data:
Index card games for Spanish.
      (Supplementary materials handbook ; 6)
      "Based on the book Index card games for ESL"– Acknowledgments.
      1. Spanish language – Study and teaching – English speakers. 2. Educational games.
I. Blencowe, Jackie, 1953-   . II. Index card games for ESL. III. Series.
PC 4129.E5154 1986   468'.007'1073 86-30618

Printed in the United States of America
Second edition, first printing 1998
5000 copies in print.

Preface & Acknowledgements

This is a revised and updated second edition of *Index Card Games for Spanish*. Most of the changes were made in the sample materials for the games "Pares combinados," "Colocaciones," and "¿Quién soy?" In choosing the people for "¿Quién soy?" we attempted to balance choices who are significant within Hispanic culture and choices who may be known by non-Hispanic students. In some of the lists, we have included both important historical figures and people famous in today's international world.

This collection of card games is based on the book *Index Card Games for ESL*. The games were originally developed by several staff members of The Experiment in International Living's International Students of English Program, especially Ruthanne Brown, Marilyn Bean Barrett, Joseph Bennett, Robert Carvutto, Janet Gaston, Harlan Harris, Bonnie Mennell, Oden Oak, Phillip Stantial, Elizabeth Tannenbaum, and Susan Threadgold. The collection was revised and edited by Raymond C. Clark. It was published by Pro Lingua Associates jointly with The Experiment Press, which is now out of business.

We are indebted to The Experiment, now called World Learning, Inc. for permission to develop and publish both the original ESL book and books of games for teaching Spanish and French adapted from the original.

Index Card Games for Spanish was adapted by Jackie Blencowe, a bilingual teacher in The Experiment's International Students of English Program. Jackie also originated the "Colocaciones" game.

We wish to give special thanks to Beatriz C. Fantini for her caring patience and professionalism in editing both the orginal edition of this book and this revised edition.

Pro Lingua Associates
1998

Vocabulary used in card games

to play	jugar
to play again	jugar de nuevo
to turn over	dar la vuelta
to win	ganar
the turn	el turno
the stack	un montón
the pile	una pila
your turn	tu turno
the card	la carta
to shuffle	barajar
the team	equipo
to deal	dar las cartas

Table of Contents

Introduction

This book is the starting point for what could be an extensive collection of *Index Card Games* for you or your department. We have provided simple directions for six kinds of games and a number of suggestions for specific games of each type. As a starting point, try some of the specific games we have suggested and then, once you get the hang of it, you will undoubtedly want to add games of your own to your collection. You will need to invest in a supply of 3 x 5 index cards to make your games, but by following our suggestions they won't take long to make, and once made they can be used over and over.

The games can be one of the most enjoyable supplementary activities you can do with your class whether you use them once a week or once a day. In an intensive language program you can easily use one a day and the students will not tire of them because they provide a pleasant and relaxing break from the hard work of battling with a stubborn language. Because the games are by nature a supplementary activity and a time-out from the rigors of formal teaching and learning, they are best used to review or practice words and sentences that have already been introduced. In a limited way however, the games can be used to introduce new bits and pieces of language —especially vocabulary items and idioms.

Beyond the fact that the games are fun and a welcome change of pace, they are also useful. As mentioned above, they can serve as a painless review of previously studied material.

They are also invaluable in helping build the class into a cohesive group, as long as the competitive aspect of the games is not taken seriously. In several of the games, groups of students have to work together toward a common goal — whether it be solving a problem or building up points and trying to win. In the process of working together the students necessarily have to interact with each other to help, support, suggest, encourage, correct, and even challenge each other. Inevitably, some teasing, joking, cheering, and playful booing pervade the classroom. In short, the games give everyone, teacher included, a chance to play and be playful. In a language classroom, play is useful.

These language games are useful in one other important way — they remove you the teacher from the spotlight and allow the students to deal with each other and the cards in front of them. You are there, of course. You get things started and total up the score and serve as the impartial referee, but you can stay out of the way for a while and let the players play.

Throughout the book we have graded our suggestions as being suitable for elementary, intermediate, or advanced classes. Please accept these labels with the understanding that they are not rigid. The more important point is that the games can be enjoyed by students at all levels. After some experience you will develop a good sense for what your class can do and can't do.

Have fun!

Parejas Combinadas

Brief Description

Similar to the TV show *Concentration*, these games require the students to remember the location of the cards and to make pairs.

Purpose

To review vocabulary. Sometimes, new words can be added to the set, as long as the number of new words is small and not disruptive. A second purpose, if the game is played as a team activity, is to stimulate conversation among the team members — *"Pienso que el siete combina con el veintitrés," "¿Te recuerdas dónde está el _____?"* Finally, the game like all the card games is fun and contributes to group building.

Preparation

Choose a category, e.g. antonyms. Write a word on each of 15 cards and the matching antonym on another 15 cards. Shuffle the cards well and then turn them over and number them from 1 to 30 on the back.

Because the purpose of this game is to review something that has been taught rather than teach something new, go over the pairs before the game begins to be sure everybody knows what the 15 pairs are.

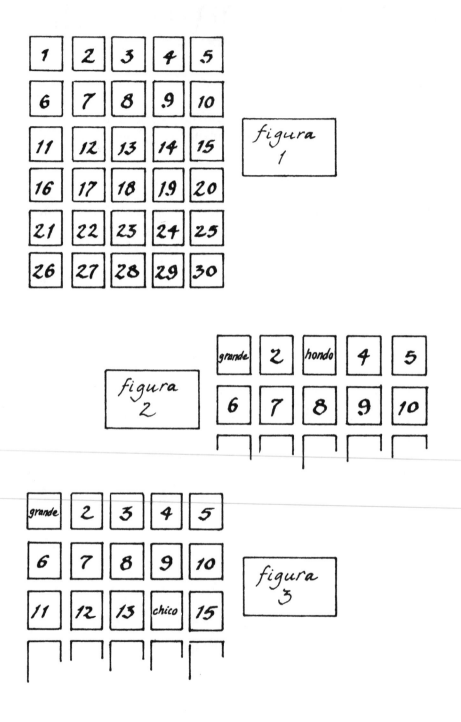

1	2	3	4	5
6	7	8	9	10
11	12	13	14	15
16	17	18	19	20
21	22	23	24	25
26	27	28	29	30

figura
1

figura
2

grande	2	hondo	4	5
6	7	8	9	10

grande	2	3	4	5
6	7	8	9	10
11	12	13	chico	15

figura
3

Instrucciones para los estudiantes

1. *Pongan las tarjetas con los números hacia arriba como en la figura 1.*

2. *Uno de ustedes comienza. Elige dos números y dígalos en voz alta. Por ejemplo: 1 y 3. Dé vuelta las tarjetas. Si las tarjetas no combinan (probablemente no combinarán para los primeros turnos) deles vuelta de nuevo.*

3. *Si uno de ustedes llega a tener una combinación (figura 3) conserve esas dos tarjetas y tome otro turno. Continue hasta que no pueda conseguir una combinación.*

4. *Después que todas las tarjetas han sidos combinadas el estudiante con la más grande cantidad de tarjetas gana.*

Procedure

1. Lay the cards out face down with the numbers showing, as in Figure 1.

2. Taking trurns, the students call out two numbers, e.g. 1 and 3. Turn over the called cards. If the cards don't match (chances are they won't for the first few turns) the cards are turned back over. In figure 2, we see that <u>grande</u> and <u>hondo</u> don't match so they are turned face down again.

3. When a student makes a match (figure 3) he removes the matched cards from the lay-out and gets another turn. He continues until he fails to produce a match.

4. When all the cards have been matched, the student with the largest pile wins.

Variations

1. The game can be played as a team activity. One person from each team is the spokesperson for the team's collective effort to remember locations. Students can take turns being the spokesperson.

2. When a match is made, the player can be required to use the two words in a sentence. If the player fails, the cards are returned to the layout, and the next player gets the opportunity to match and use the two words.

Suggestions shown in this book

1. Synonyms (adjective) — elementary   Page 7
   Synonyms (adjective) — intermediate   8
   Synonyms (adjective) — advanced   9

2. Antonyms (adjective) — elementary   10
   Antonyms (adjective) — intermediate   11

3. Pictures of objects and their corresponding
   words (clothing) — elementary   12

4. Prepositions — elementary   14
   Prepositions — intermediate   15
   Prepositions — advanced   16

5. Synonyms (human qualities and stages)
   — advanced   17

6. Prefixes — intermediate/advanced   18

7. Idioms — intermediate/advanced   19

8. Proverbs — intermediate/advanced   20

Other Suggestions

1. Countries and their corresponding languages

2. Verb forms: present/past/future/imperative

3. Vocabulary selected from readings: words and definitions
   or synonyms.

Adjetivos Sinónimos

simple	fácil
pequeño	chico
difícil	complicado
feliz	contento
tranquilo	calmo
flaco	delgado
fino	lujoso
gracioso	cómico
bonito	lindo
triste	infeliz
próximo	siguiente
enorme	inmenso
bello	hermoso
famoso	bien conocido
amigo	compañero

Adjetivos   Sinónimos

antiguo	viejo
guapo	buen mozo
bastante	suficiente
terrible	horrible
tonto	estúpido
rico	delicioso
seguro	certero
gordo	obeso
rápido	veloz
vergonzoso	tímido
miedoso	asustado
precioso	hermoso
celoso	enviadoso
amargo	agrio

Adjetivos Sinónimos

dudoso	incierto
excéntrico	estrafalario
desagradable	ofensivo
juicioso	razonable
valiente	valeroso
listo	vivo
egoísta	interesado
nervioso	ansioso
honesto	sincero
temeroso	receloso
cauteloso	prudente
preciso	exacto
tranquilo	pacífico
simpático	agradable
holgazán	perezoso

Adjetivos Antónimos

corto	largo
viejo	nuevo
chico	grande
gordo	flaco
frío	caliente
mojado	seco
alto	bajo
bueno	malo
viejo	joven
contento	triste
lejos	cerca
barato	caro
ancho	estrecho
interesante	aburrido
iqual	diferente

Adjetivos Antónimos

soltera	casada
amable	grocero
fácil	difícil
blando	duro
lleno	hambriento
lleno	vacío
claro	oscuro
liviano	pesado
borracho	sobrio
limpio	sucio
muerto	vivo
guapo	feo
fuerte	débil
brillante	opaco
filoso	desafilado

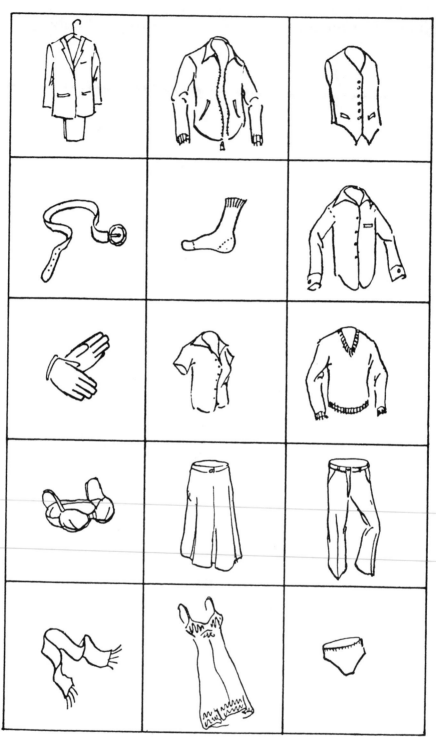

The illustrations above are matched with words on the next page. Permission is hereby given to copy the pictures for mounting on cards.

Ropa

traje

chaqueta

chaleco

cinturón

media/calcetín

camisa

guantes

blusa

suéter

sostén/brasier

falda

pantalones

bufanda

viso/fondo

pantaletas/calzones

Preposiciones

(expresiones con preposiciones)

por	favor
con	permiso
de	nada
por	fin
al	lado de
de	memoria
a	tiempo
en	serio
en	vez de
de	nuevo
por	consiguiente
de	repente
por	todas partes
en	punto
de	más
a	menos que
con	intención

Preposiciones

(verbos & infinitivos)

comenzar	a
acabar	de
insistir	en
amenazar	con
soñar	con
tardar	en
olividarse	de
atreverse	a
aspirar	a
alegrarse	de
consistir	en
contentarse	con
contar	con
invitar	a
dejar	de

Preposiciones

(expresiones con preposiciones)

por	si acaso
en	broma
a	escondidas de
de	acuerdo
por	las nubes
al	fin y al cabo
al	extremo de
en	tal caso
en	voz alta
de	paso
al	primer golpe de vista
en	medio de
de	esta manera
de	mala gana
con	las manos en la masa

Sinónimos

(cualidades)

cortés	amable
vergonzoso	tímido
bello	hermoso
grosero	mal educado
cómico	gracioso
adolescente	juvenil
conservador	convencional
estúpido	tonto
inmaduro	infantil
diligente	trabajador
encantador	simpático
alegre	contento
capaz	hábil
célebre	famoso

Prefijos

a-	fortunado
a-	moral
des-	abrochar
des-	afortunado
des-	aparecido
des-	aprobar
des-	conocido
des-	obediente
i-	legal
i-	logico
in-	consciente
in-	correcto
in-	creíble
in-	dependiente
in-	feliz
ir-	remediable
ir-	respetuoso
mal-	educado
mal-	estar

Modismos

a eso de (con tiempo)	alrededor de
a fondo	completamente
a menudo	frecuentemente
con permiso	perdón/me permite
cuidado	atención
dar un paseo	caminar
de vez en cuando	infrecuentemente
dentro de poco	en un rato
echar de menos	extrañar
hacer caso	prestar atención
hacer una pregunta	preguntar
llevarse bien con	entenderse con
qué lástima	qué pena
qué tal	cómo estás
tener ... años	la edad
tener ganas de	quisiera ...
omarle el pelo a alguien	bromear

Proverbios

No todo lo que brilla	es oro
En la cárcel y en la cama	se conocen los amigos.
No hay mal que	por bien no venga
en boca cerrada	no entran moscas
más vale tarde	que nunca
más vale pájaro en mano	que cien volando
comer para vivir	y no vivir para comer
donde una puerta se cierra	otra se abre
por el canto	se conoce el pájaro
a quien madruga	Dios le ayuda
aunque la mona se vista de seda	mona se queda
Del dicho al hecho	hay mucho trecho
en la unión	está la fuerza
visita a tu tía	pero no cada día
un resbalón de lengua	es peor que el de los pies

Colocaciones

Brief Description

Each card has one word written on it. A set of cards (25 to 30 is a good number) contains either different verb forms or nouns of different genders. The object of the game is to sort the cards into piles; for example, all the masculine nouns in one pile and the feminine in another.

Purpose

Depending on which game is played, the students review the gender of nouns, different verb tense inflections, or subject/verb agreement.

Preparation

Select what the students need to practice, e.g. verb tenses: present and future. Write a number of forms of Spanish verbs in the present and the future tenses on a number of cards — one to a card. For example:

querrá	*podrás*	*vuelves*	*hacen*
canto	*estudiamos*	*necesitarán*	*dormirán*

A duplicate set should be prepared for each group of students: in general, students can do this game with 3 to 5 people per group.

Then assemble a set of cards containing at least 2 different verb tenses.

For example in a set of 30 cards there would be 15 present tense verbs and 15 future tense verbs. Depending on the level of the students more cards with more tenses could be added. For a game using all the tenses listed in the following pages choose 5 verbs from each list. (30 cards total) Shuffle the cards before beginning.

Instrucciones para los estudiantes:

*Cada grupo tiene 30 tarjetas. Hay__ diferentes tiempos del verbo
y ___ de las tarjetas tienen uno de estos tiempos. Trabajen juntos.
Lean las palabras en las tarjetas y colóquenlas con las otras tarjetas
que tienen el mismo tiempo del verbo.*

Procedure:

1. Give the directions to the class in Spanish as shown.

2. Allow the students to sort the cards into separate piles. Do not give
   any help.

3. When all groups have finished collocating, have the groups lay out
   their cards and look at each other's solutions.

4. Check over the solutions and announce the winner(s) — the team
   with the most correct cards.

Variations:

1. To make the game more challenging, put a "wild card" in each group — a verb that is completely different from the others.

2. Use sets with uneven numbers of cards, e.g. five of one verb tense, four of another, etc.

3. Establish a time limit to the game. A three-minute egg timer can be useful for this and other timed activities.

4. When all teams have finished and a winner has been declared, review the cards aloud as a group.

5. Ask each group to choose three of their words and make one sentence. These can be put up on the board and the class can vote to choose the best one.

Suggestions shown in this book:

Other Suggestions:

1. Gender of adjectives

2. Stress patterns, e.g. words with stress on 1st syllable, 2nd syllable, 3rd syllable, etc.

3. Vocabulary (such as foods, furniture, parts of the body)

Nombres–Género

Femenino	Masculino
cama	auto
cara	brazo
corbata	cielo
escuela	cuaderno
gramática	cuarto
lámpara	libro
madre	océano
manzana	papá
máquina	perro
mesa	plato
oficina	pollo
palabra	señor
pierna	suelo
playa	teatro
pluma	vestido
puerta	vino
ventana	zapato

Nombres–Género

Femenino	Masculino
actitud	árbol
actriz	camión
ciudad	clima
dificultad	coche
especie	día
estación	diente
gente	mapa
inspiración	país
juventud	pantalón
llave	papel
luz	pie
mano	poeta
marca	postre
muchedumbre	problema
pared	ratón
paz	sol
radio	taxi
unión	toro

Tiempos Verbales

Presente	Pretérito	Futuro
cierran	bailaste	aprenderás
contamos	dijeron	aprenderé
encuentra	entré	bajará
escribimos	hice	cabrá
estudiáis	llegaron	cambiaremos
juegas	obligaron	dirás
leo	oí	encontraremos
ponéis	puse	escribirán
puedo	quiso	escucharán
sube	salí	hablaremos
tienen	salió	mandaré
traigo	sentiste	tendrás
viene	tuvimos	viajaré
vuelves	viajamos	volverá

Tiempos Verbales

Imperativo familar (tú)	Imperativo formal (usted)
cierra	cierre
di	diga
estudien	estudien
habla	hable
haz	haga
oigan	oigan
pon	ponga
sal	salga
ten	tenga
trae	traiga
vayan	vayan
vuelve	vuelva

Tiempos Verbales

Imperfecto	Condicional
cantabas	acostaría
consultaban	ayudaría
entendías	bañaría
éramos	beberíamos
estábamos	cantarías
hacía	haríamos
ibas	lavantaríamos
leías	lavarías
llegaban	llovería
mentían	podríamos
subíais	querrían
tomaba	sabrías
veía	vendrían
veían	volarían

Concordancia–Sujeto y verbo

Yo	Tú	El/ella/usted
aprendí	almorzaste	admitió
decido	añades	apagó
descansé	dibujas	baila
digo	fuiste	cocinó
duermo	ganas	dió
escribo	limpias	fue
estudio	llegaste	necesita
he	pagaste	obtiene
leí	pareces	pescó
nadé	prometes	pronunció
robé	respondes	reconoce
salgo	rompiste	rió
vendí	subiste	separa
veo	vienes	trabaja
voy	vives	vivió

Concordancia–Sujeto y verbo

Nosotros	Vosotros	Ustedes/ellas/ellos
acabamos	comprastéis	abren
conocimos	corristéis	anduvieron
dudamos	dejáis	cantan
escribimos	examinastéis	crecen
estamos	hablastéis	dieron
interrumpimos	hicistéis	discuten
lavamos	informastéis	durmieron
somos	juntáis	hablaron
sorprendemos	laváis	jugaron
supimos	preferís	matan
tenemos	preguntáis	nacen
tuvimos	recibís	ofrecen
vamos	sabéis	pescaron
vemos	traducís	pidieron
volvimos	veís	recordaron

Frases Revueltas

Brief Description

The students re-arrange jumbled sentences, e.g.

al	vamos	a	cuándo	¿	cine	?	salir

Each word and punctuation mark is written on a separate card.

Purpose

This game is useful for reviewing word order and the placement of punctuation marks.

Preparation

The game is more effective if it concentrates on a single sentence pattern, e.g. questions in the simple present tense. Write out a sentence with each word and punctuation mark on a separate card. In general, it is best to capitalize the first word in the sentence.

¿	Cuándo	vamos	a	salir	al	cine	?

To keep the various sentences from becoming mixed up, it is useful to write a number on each card, e.g.

$¿^3$	$Cuándo^3$	$vamos^3$	a^3	$salir^3$	al^3	$cine^3$	$?^3$

5-10 sentences will be sufficient for an interesting game.

Shuffle the cards in each sentence and put a rubber band around each sentence.

Finally, make a list of all sentences for your own reference and for use in Step #5 in the procedure below.

Instrucciones para los estudiantes:

1. *Pónganse Uds. en grupos de dos o tres.*

2. *Cada grupo va a tener una frase y voy a poner las que sobran en el centro de la clase.*

3. *Cada grupo tiene que usar todas las tarjetas para formar una frase.*

4. *Cuando están satisfechos con la frase que formaron, escriban la frase y el número de la frase en un papel.*

5. *Devuelvan la frase al centro y elijan otro grupo de tarjetas.*

Procedure:

1. Divide the class into groups of 2-3 students.

2. Give each group a sentence and put the extras in the middle of the room.

3. Tell each group that it must use all the cards to form a sentence.

4. When a group is satisfied with its sentence, it writes the number of the sentence and the sentence on a separate sheet of paper. Then the group returns its sentence to the middle and chooses a new bundle of cards.

5. When the groups have finished, read the correct sentences and have the groups check their answers.

Variations:

1. Have the groups read their answer sheets to each other.

2. The first group to finish can write its answers on the board.

3. Instead of working at the sentence level, the students can try working at the paragraph level, arranging sentences into coherent paragraphs.

4. The numbered sentences can also be arranged into a paragraph.

5. To make the game more challenging and to allow for more variations, do not capitalize the first letter of the word.

Suggestions shown in this book

1. Verb tenses:
   (simple present) — elementary   Page 35
   (preterite) — elementary   35
   (present perfect) — intermediate   37
   (past perfect) — intermediate/advanced   39
   (subjunctive) — advanced   40
   (conditional) — advanced   40

2. Question formation — elementary   36

3. Comparatives — elementary   36

4. *Ser* and *estar* — intermediate   37

5. *Por* and *para* — intermediate   38

6. Scrambled sentences:
   (operation) — elementary   41
   (time sequence) — elementary   41
   (story) — intermediate   42
   (story) — advanced   43

Other suggestions

1. passive voice

2. prepositions

3. direct/indirect object pronouns

4. adjective order

5. superlatives

6. sentences and paragraphs taken from readings done in class or from student generated material.

Presente Simple

1. Recibo una carta de mi familia una vez por semana.

2. Come el desayuno a las siete y media de la mañana.

3. A ella le gustan los jugos de tomate y naranja.

4. A él no le gusta la comida de la cafetería.

5. ¿Vas al cine todos los fines de semana?

6. ¿Qué haces los domingos en tu país?

7. ¿A qué hora te levantas todas las mañanas?

8. ¿De dónde es Ud.?

9. ¿Esta pluma es de Ud.?

10. Estudio de las ocho y media hasta las once y media.

Pretérito

1. Fueron allá por avión.

2. No los vimos en la discoteca el fin de semana pasado.

3. ¿Cuántos estudiantes faltaron ayer?

4. No hice mis deberes anoche porque estuve enferma.

5. Compró una camisa nueva ayer y la usó hoy.

6. ¿Fueron a la fiesta juntos o solos?

7. No fui a la reunión ayer, pero fue Juan.

8. Vi una buena película en el cine que está al lado del banco.

9. ¿Cuándo echó la carta al correo?

10. Llamó a su padre a Venezuela anoche después de cenar.

Preguntas

1. ¿A qué distancia queda su apartamento de aquí?

2. ¿ A dónde fuiste el año pasado?

3. ¿Quién llamó anoche?

4. ¿ A Ud. le gusta crema en el café?

5. ¿Visitaron a sus amigos en Uruguay cuando estuvieron en Latino América?

6. ¿Qué harás después de la clase de español?

7. ¿Cuántos tacos puedes comer?

8. ¿En dónde naciste?

9. ¿A qué hora te levantarás por la mañana?

10. ¿Por qué fue al centro Susana después de las clases ayer?

Comparativos

1. Carlos es más alto que José pero más bajo que Pedro.

2. ¿Es "El Prado" más grande que "Le Louvre"?

3. El pelo de ella es más largo que el tuyo.

4. ¿Es el río Amazona más ancho que el Mississippi?

5. El chino es tan difícil como el inglés.

6. Las discotecas de Brazil son más divertidas que las de Los Estados Unidos.

7. El tiempo ahora es peor que el de la mañana.

8. Está lloviendo ahora tan fuerte como antes.

9. Ese pueblo tiene menos que mil habitantes.

10. La carne argentina es mejor que la carne de Texas.

Perfecto

1. Carmen ha ido muchas veces a las playas de Chile.

2. ¿Has visto el hombre con la barba larga?

3. ¿Cuánto tiempo hace que han vivido en tu ciudad?

4. No ha tenido el tiempo de hacer sus deberes todavía.

5. No he ido a Nueva York desde hace tres meses.

6. Mi amiga nunca ha estado en Quito, pero ha ido a Lima.

7. Roberto ha vivido en la misma casa desde que nació.

8. He estudiado el español por cinco años.

9. Ha hablado con su madre todas las noches en esta semana.

10. Hemos aprendido que las empanadas se hacen con carne picada.

Ser y Estar

1. Mi compañera de cuarto es una buena fotógrafa.

2. Su esposo estuvo afuera del país pero ahora está en Nueva York.

3. Pensaba que Daniel era de Puerto Rico, pero es de Cuba.

4. ¿Qué hora era cuando llamó Carlos anoche?

5. Los vasos están en el tercer estante sobre las tasas.

6. Los niños estaban cansados de tanto esperar.

7. El vecino de Victor es el más rico del pueblo.

8. ¿Será de nogal ese escritorio tan bonito?

9. Están en casa hoy, preparándose para la mudanza.

10. Nuestro profesor es una persona contenta.

Por y Para

1. El profesor nos pidió el papel para el viernes.

2. Los mecánicos ganan veinticinco dólares por hora.

3. Perdieron la llave así que tuvieron que entrar por la ventana.

4. En la mesa hay una canasta para fruta y nueces.

5. Mi hermano está ahorrando para venir a verme.

6. Me gusta viajar por avión pero prefiero viajar por barco.

7. Para un extranjero que recién llegó al país habla el español muy bien.

8. Tus padres te llamaron anoche alrededor de las ocho.

9. Diana se fue para Costa Rica el viernes pasado.

10. ¿Cuántos pesos te dan hoy por el dólar?

Pluscuamperfecto

1. Ya habíamos comido cuando llegaron nuestros amigos.

2. Habían esperado por dos horas cuando por fin llegó el tren.

3. Había vivido en Santiago por tres meses antes de poder hablar español.

4. María había hablado con su hermano diez minutos antes del accidente.

5. ¿Habías estudiado el español antes de tu primer viaje a México?

6. Después que él había estado en Buenos Aires por dos semanas, encontró un trabajo que pagaba muy bien.

7. Ellos habían salido recién para el cine cuando llegamos a su casa.

8. ¿Qué habías estudiado de México antes de venir?

9. Nunca había estudiado el subjuntivo hasta que tomé este curso.

10. Mis hermanas habían hablado el español desde niñas.

Subjuntivo

1. Ojalá que vengan mis primos el verano próximo.
2. Marcelo no está todavía, tal vez llegue antes que te vayas.
3. Como ha llovido toda la semana, dudo que vaya a llover mañana también.
4. Por interesante que sea, no quiero ver esa película.
5. El profesor quiere que hablemos en español todo el tiempo en la clase.
6. No creo que Ecuador gane la copa mundial de fútbol.
7. Es probable que Alicia tenga hambre porque no comió nada esta mañana.
8. Aunque cueste mucho, un día quiero esquiar en los Andes.
9. Busco un trabajo que sea interesante y que pague bien.
10. Compraré el coche de Miguel a memos que me vendas el tuyo.

Condicional

1. No habría estado tan enojado ayer si me hubieras dicho la verdad.
2. No tendría tantos accidentes si manejara mejor.
3. Saldríamos temprano de las clases si comenzara a nevar.
4. Si no fuera tan tarde, le invitaría a mi casa para tomar algo.
5. Si hubiera puesto atención en la clase, habría pasado el examen.
6. Habrían leído el artículo si hubieran sabido que tú lo escribiste.
7. Te habría visitado en San José, el verano pasado, si hubiera tenido más tiempo.
8. Si fuera el presidente del Uruguay, tendría una casa en Punta Del Este.
9. Si ganaran el partido, celebrarían toda la noche.
10. Si te hubiera invitado a mi casa ayer, ¿habrías venido?

Operación

1. Primero coloque la cinta en la grabadora.

2. Entonces conecte el micrófono.

3. Verifie si el micrófono está apagado.

4. Empuje las palancas de grabar y tocar.

5. Para grabar empuje la palanca del micrófono.

6. Para terminar de grabar empuje la palanca "stop."

7. Ahora empuje la palanca de retroceso.

8. Por último, empuje la palanca de tocar y escuche.

Secuencia de Tiempo

1. Roberto salió de su casa a las 7:30 esta mañana.

2. Llevó su coche a la estación de ferrocarril y lo estacionó allí.

3. Entonces entró el tren que tomaba una hora para llegar a la ciudad.

4. Cuando llegó a la ciudad, bajó el tren y caminó seis cuadras a su oficina.

5. Llegó a las 8:55.

6. A las 9:00 se sentó a su escritorio y comenzó a trabajar

Un Cuento

1. Un día un camión grande lleno de pingüinos se dañó en la carretera afuera de la ciudad.

2. El conductor del camión estaba tratando de decidir que debía hacer cuando un hombre manejando un autobús grande y vacío paró y lo ofreció ayuda.

3. El conductor del camión dijo, "Tengo que llevar estos pingüinos al zológico inmediatamente. Si Ud. los lleva en su autobús, yo le daré dos cientos dólares."

4. El conductor del autobús dijo que estaba de acuerdo.

5. Puso todos los pingüinos en su autobús y se fue.

6. Más tarde, después que había reparado el camión, el conductor vio al conductor del autobús que andaba con los pingüinos.

7. Estaba caminando por la acera seguido por los pingüinos.

8. El conductor del camión paró en seguida.

9. Salió de su camión y dijo al conductor del autobús, "Yo le dije que tenía que llevar los pingüinos al zológico."

10. "Los llevé" respondió el conductor del autobús, "pero me sobró dinero, así que ahora los voy a llevar al cine."

Un Cuento

1. Había un hombre de la Mancha, alto y flaco, que se llamaba Don Quijote.

2. A él le gustaba leer novelas de caballería.

3. Le gustaban tanto que imaginaba que él también era un caballero andante.

4. Entonces limpió sus armas y puso el nombre de Rocinante a su caballo y encontró a su dama, Dulcinea del Toboso.

5. Ahora, lo que le faltaba era un escudero y es así que Sancho Panza, un vecino, lo acompañó.

6. No fue mucho después que los dos tuvieron su primer aventura.

7. Comenzó cuando Don Quijote le preguntó a Sancho Panza si él veía unos grandes gigantes delante de ellos.

8. "¿ Qué gigantes?" preguntó Sancho.

9. "Aquellos que están allá; aquellos de los brazos largos" respondió Don Quijote.

10. Sancho Panza le dijo que no eran gigantes, sino molinos de viento.

11. Don Quijote no lo creyó y dijo que eran gigantes y muy gigantes.

12. Sancho, entonces, lleno de miedo, se puso a rezar por su amo.

13. Mientras tanto, Don Quijote clavó las espuelas en Rocinante y fue hasta "los gigantes" y los llamó "cobardes".

14. El viento movió las aspas de un molino y Don Quijote le dio una lanzada en una de sus aspas.

15. El viento movió las aspas otra vez y caballo y caballero rodaron lejos.

16. Y así es que fue la vida del flaco, Don Quijote, y el gordo, Sancho Panza, una aventura seguida por otra.

Categorías

Brief Description

Students are given several words all belonging to one category. For example, *"Cosas que son rojas."* While one student gives clues, his teammates guess the words belonging to the category. This game is similar to the TV show *The $100,000 Pyramid.*

Purpose:

This game requires the students to use Spanish quickly and descriptively. It's a good exercise to "stretch" the students' command of the language.

Preparation

Write two to six words on a card with the category at the top of one card. Easier ones are *"colores," "adjetivos de tamaño," "cosas en una clase."* More difficult categories are *"cosas en que se pone aire," "cosas que un doctor usa."* Easy categories can be made more difficult by putting in one difficult word.

Instrucciones para el estudiante:

1. *Vamos a tener dos equipos.*

2. *Yo le voy a dar una tarjeta a un miembro de uno de los equipos.*

3. *Ud. tiene que anunciar la categoría a su equipo y después decir algo que los ayude adivinar las palabras en esta categoría. Por ejemplo, si la categoría es "cosas que son calientes" Ud. puede decir, "Está en el cielo y nos da luz y calor." La repuesta es "el sol."*

4. *No pueden usar gestos.*

5. *Recibirán un punto para cada repuesta correcta.*

Procedure:

1. Give the directions to the students in Spanish.

2. Divide the class into two or more teams.

3. Give a card to a member of one team. If the student doesn't understand the card you can leave the room and explain it.

4. The team member announces the category and then gives clues while his team tries to guess the words. Gestures may not be used.

5. The team gets one point for each correct answer.

6. When the first team is finished, the next team gets a chance with a different card.

7. Four or five rounds is enough for a good game.

Variations:

1. The game can be timed — 15 seconds to one minute to complete the list, depending on the level of the students.

2. The teams that are waiting can be shown the card to increase their interest as the guessing team tries to get the words.

3. It does not have to be done as a team activity. The entire class can be the team as one student presents the category and clues.

4. Using a stop watch, determine the winner by the total amount of time taken to do all the cards — with a maximum of one minute per card. Therefore, if each team did six cards and Team A required four minutes and Team B did all six cards in three minutes, Team B wins, regardless of the number of correct guesses.

Suggestions shown in this book given in Italics with other variations

1. Cosas que son *verdes* (page 48), rojas.

2. Cosas que están en una *clase* (48), hotel, parque, *universidad* (51), ciudad, país, *Argentina (52), joyería* (52), fábrica, el mar, *la cocina* (50).

3. Cosas que están *arriba* (48), abajo, alrededor.

4. Nombres de *animales* (48), *profesiones* (52), *ropa* (49), *partes del cuerpo* (49), *muebles* (50), *cosas eléctricas* (52), *parientes* (50, *tiendas (49), deportes* (49), paises, idiomas, ciudades, gente famosa, partes de un coche.

5. Formas de *transportación* (48).

6. Cosas que haces con *los pies* (49), el cuerpo.

7. Cosas a que *escuchas* (50), *tocas* (51), lees, miras, estudias, montas, etc.

8. Cosas del *verano* (50), invierno.

9. Cosas que son usadas *por los niños* (50), mujer, hombre.

10. Cosas que son típicas Latinas (51), mexicanas.

11. Cosas que son *calientes* (51), graciosas, redondas.

12. Cosas que comienzan con *"a"* (51), "b," "c."

13. Cosas que necesitas par *viajar a otro país* (51)

14. Cosas que usa un *carpintero* (53), profesor, doctor, granjero.

15. Cosas que tienen *un agujero* (53), motor, luz, pelo.

16. Palabras que terminan en *"e"* (53), "a," "n."

17. Cosas que son *largas y estrechas* (53), *grandes* (53), pequeñas.

18. Cosas que *se abren* (52), se comen, se manejan, se cortan, se llenan.

19. *Modismos* (52)

Cosas que son verdes

césped

lechuga

árboles

guisantes

dólares

pimientos

Cosas que están en una clase

tiza

estudiantes

pizarra

escritorios

profesor

libros

Formas de transportación

coche

tren

barco

avión

taxi

autobús

Cosas que están arriba

el cielo

el techo

la luna

las estrellas

es sol

las nubes

Animales

elefante

tigre

mono

burro

toro

perro

Frutas

banana

durazno

manzana

pera

uva

sandía

Ropa

- camisa
- pantalones
- medias
- corbata
- zapatos
- sombrero

Cosas que haces con los pies

- caminar
- patiar
- saltar
- bailar
- correr
- esquiar

Tiendas

- panadería
- carnicería
- zapatería
- barbería
- farmacia
- abacería

Partes del Cuerpo

- brazo
- pierna
- dedo
- cabeza
- estómago
- ojo

Comida

- pollo
- ensalada
- papas
- arroz
- tacos
- empanadas

Deportes

- fútbol
- tenis
- esquiar
- nádar
- montar a caballo
- voleibol

Muebles

sofa

mesa

sillón

cama

aparador

Parientes

tía

hermano

primo

sobrino

abuela

padre

Cosas que están en la cocina

fregadero

platos

servilletas

tenedor

refrigerador

agua

Cosas que son usadas por los niños

juguete

bicicleta

muñeca

cometa

pelota

pinturas

Cosas del verano

bikini

playa

limonada

sandalias

piscinas

vacaciones

Cosas que escuchas

música

radio

profesora

chismes

un amigo

una grabadora

Cosas para tocar

piano

violín

guitarra

trompeta

tambor

flauta

Cosas que son típicas Latinas

sombrero

poncho

enchiladas

biftec

música salsa

besos

Cosas que son calientes

el horno

el verano

el café

un desierto

el sol

el ecuador

Cosas que comienzan con "a"

amiga

ayer

arroz

alta

Argentina

Cosas que necesitas para viajar a otro país.

una maleta

un pasaporte

dinero

un boleto

un diccionario

tiempo

Cosas que se encuentran en una universidad

residencia estudiantil

biblioteca

cafetería

profesores

unión de estudiantes

oficina de administracíon

Modismos

hacer juego

tomarle el pelo

buen provecho

tener ganas

a menudo

ida y vuelta

Cosas eléctricas

plancha

secadora

tostadora

abrelatas

aspiradora

licuadora

Cosas que se abren

una carta

una lata

un   regalo

una puerta

una caja

una ventana

Las Profesiones

abogado

arquitecto

autor

médico

pintor

profesor

Cosas que encuentras en Argentina

mate

gauchos

ganado

cuero

lana

playas

Cosas que se encuentran en una joyería

reloj

anillo

pulsera

collar

diamante

cadena

Cosas que usa un carpintero

- martillo
- clavos
- serrucho
- caja de herramientas
- cinta métrica
- madera

Cosas que son grandes

- toro
- avión
- Brazil
- el cielo
- el Pacífico
- sandía

Cosas que son redondas

- plato
- tortilla
- zero
- pelota
- reloj
- galleta

Cosas que tienen un agujero

- disco
- pipa
- nariz
- pista de golfo
- fregadero
- queso

Palabras que terminan en "e"

- chocolate
- llave
- traje
- volante
- clarinete
- pie

Cosas que son largas y estrechas

- regla
- río
- acera
- cinturón
- tren
- Chile

Fiesta Cóctel

Brief Description

This is a role-playing exercise in which each participant receives a card describing a character whose identity he assumes. At the conclusion of the exercise the class identifies and describes the various people they have met in the exercise. The lives of the characters can be entwined or a plot can unfold to make the exercise more interesting.

Purpose

The exercise requires the students to practice social conversation. It also requires them to listen carefully and, at the conclusion of the exercise, remember and re-state what they have heard.

> Mario Fernández
> 15 años
> su madre es Inés
> Fernández

Preparation

Write brief descriptions on the cards — one to a card. The game is best played by at least six and not more than 12 characters. In a game designed for a lower level, only a minimum of information (such as name, age, profession) need be given.

Instrucciones para los estudiantes

1. *En un momento Uds. van a ir a una fiesta cóctel.*

2. *Les voy a dar una tarjeta a cada uno de Uds. Léanla y actúan como la persona descrita.*

3. *Si tienen una pregunta, salgan un momento de la clase conmigo y pregúntenla.*

4. *Ahora, comienzen a presentarse unos a otros.*

Procedure

1. Give the directions to the students in Spanish. First, set the scene — party, meeting, bus station, etc.

2. Tell the students they will assume the role of the character on their cards. Then give each student a card and ask them to study it.

3. Step out of the room and help students — one at a time — with questions about the information on their card.

4. Let the students mingle and talk to each other for 15 to 30 minutes.

5. When it seems that everybody has met everybody else, conclude the game.

6. Single out each character — one by one — and have the other students tell what they can remember about the character.

Variations

1. At the end of the game, have the students write out the cast of characters and then read their papers to each other and compare.

2. A position on a contemporary issue can be added to the information on each card so that the objective becomes to find out each character's opinion on the issue.

Suggestions shown in this book and others

1. Reunión Familiar — intermedio   Page 58

   Family relationships/problems are discovered.

2. Fiesta con los vecinos

   The local gossip, entanglements, and social concerns are learned.

3. Fiesta de estudiantes

   International students get together — stereotypes, cultural problems arise.

4. Viaje por Avión — avanzado   61

   Passengers on a trip discover how their lives are entwined.

5. Una reunión

   Office politics and personal involvements come up.

6. Una fiesta en Hollywood

   Movie star relationships are uncovered — can use names of real stars.

7. Misterio — avanzado   59

   Group of people (family, hotel guests, etc.) discover a murder and decide who is the murder.

8. Reunirse con . . .

   High school, college, foreign students discover old friends, loves, conflicts.

9. Colegio/Universidad/reunión de grupo.

   Student/classroom/administrative problems are discussed.

Reunión Familiar

1. Diego Fernández. 45 años. Casado. 3 hijos. Le gusta bailar.

2. Rosa Fernandez. 42 años. Casada con Diego Fernández. Es una persona muy contenta.

3. Mario Fernández. 15 años. Su madre es Inés Fernández.

4. Paula Fernández. 21 años. Su padre es Diego Fernández. Tiene una hermana gemela y un hermano.

5. Inés Fernández. 38 años. Esposa de Rodrigo Fernández. Es una persona muy triste.

6. Fernando López. 70 años. Ud. tiene una hija que está casada con Diego Fernández. Ud. es un poco borracho.

7. Rodrigo Fernández. 40 años. Hijo de José Rernández.

8. Jose Fernández. 75 años. Ud. tiene dos hijos: Diego y Rodrigo.

9. Elena Fernández. 21 años. Estudiante en la universidad.

10. Miguel Fernández. 18 años. Su madre es Rosa Fernández. Ud. tiene 2 hermanas.

Misterio

1. Martín Blanco. Ud. tiene 65 años. Es rico pero no tiene muchos amigos. Está dando una fiesta de cumpleaños para su hija, Gloria. Después que tome su primer bebida, muere. Alguien en el cuarto le ha venenado.

2. Susana Blanco. Ud. tiene 35 años. Se casó con Martín Blanco hace dos años. Ud. se casó con él porque esperaba heredar su dinero cuando se muriera.

3. Juanita Blanco. Ud. tiene 62 años. Había estado casada con Martin Blanco para 37 años cuando el quería el divorcio para casarse con una mujer más joven.

4. Pablo Blanco. Ud. tiene 35 años. Ud. es el hijo de Martín y Juanita Blanco. Su padre le despidió recientemente de su negocio, pero Ud. no comprende por qué.

5. Cecilia Dorado. Ud. tiene 32 años. Es la hija de Martín y Juanita Blanco. Su padre, a quien amaba mucho, siempre le daba todo lo que quería y más. Está casada con Ricardo Dorado.

6. Ricardo Dorado. Ud. tiene 38 años. Está casado con Cecilia Dorado. Ud. es el vice-presidente del negocio de su padre. A Ud. le encanta gastar el dinero. (No solamente su dinero, pero el de su esposa también).

7. Anita Ud. es la criada en la casa de los Blancos. Tiene 65 años. Ud. ha trabajado por la familia para más de 37 años. Nunca aprobó del divorcio de Martín y Juanita, ni el matrimonio de Martín y Susana. No le gusta ni a Martín ni a Susana.

8. Pepe. Ud. es el esposo de la criada, Anita. Ud. ha sido el cocinero en la casa de los Blancos por 37 años. A Ud. le gustaba mucho su trabajo antes de que Martín divorcio su primera esposa, Juanita. Deteste a su nueva esposa, Susana.

9. Gabriela Sala. Ud. tiene 32 años. Ud. está casada con Adolfo Sala, pero está enamorada de Martín Blanco y su dinero.

10. Adolfo Sala. Ud. es el mejor amigo de Martin Blanco. Fueron a la misma universidad en los 1930. Hace poco Ud. se caso con su segunda esposa que tiene 30 años menos. Ud. ha envenenado la bebida de Martín porque descubrió que él estaba viendo a su nueva esposa, Gabriela. Nadie sabe que Ud. es el asesino.

El viaje por Avión

1. Jesús Romero. Ud. tiene 55 años. Es un hombre de negocios de México que importa televisores de unas partes de Europa. Está volviendo a México después de unas reuniones en España, pero no tuvo éxito en Madrid.

2. María Romero. Ud. tiene 45 años. Ud. es la esposa de Jesús Romero. Hace diez años que una muchacha española se quedó en su casa en Guadalajara, México. No la ha visto desde ese tiempo.

3. Milagros Soto. Ud. tiene 32 años. Ud. está casada con Frederico Soto. Hace diez años cuando era soltera pasó un verano en la casa de Jesús Romero en Guadalajara, México. Ud. está ahora de vacaciones y espera visitar su familia Mexicana y presentarles a su marido.

4. Frederico Sota. Ud. tiene 34 años. Está casado con Milagros Soto. Ud. y su esposa van a México para las vacaciones.

5. Isabel Perez. Ud. tiene 23 años y quiere continuar sus estudios de medecina en México. Va a México para una entrevista en la Universidad de Guadalajara.

6. Carlos García. Ud. está volviendo a México de un viaje a Madrid donde Ud. asistió a una conferencia de medicina. Ud. está encargado del ingreso en el Departamento de Medicina en la Universidad de Guadalajara.

7. Toshihibiro Sato. Ud. es el dueño de un negocio japonés de importación de televisores. Va a México porque le gustaría comenzar a exportar sus televisores a ese país. Ud. estudió el español en el Centro de Lenguas en Tokyo.

8. Antonia Lucanor. Tiene 55 años. Está casada con David Lucanor. Hace diez años vivía en Tokyo y enseñaba el español en el Centro de Lenguas allí. Un estudiante que nunca podrá olvidar se llama Toshihiro Sato.

9. David Lucanor. Ud. y su esposa, Antonia, van a México para las vacaciones. Ud. es el director de ingresos en la Universidad de Madrid para los estudiantes de Medicina.

10. Luis Alarcón. Ud. tiene 23 años. Es uno de los camareros en el vuelo a México. Su amiga del colegio a quien nó has visto por cincó años está planeando estudiar Medicina en México. Su nombre es Isabel Delrío.

¿Quién Soy?

Brief Description

This is a variation of *Twenty Questions*. The number of questions is reduced to 10 and the field is reduced to categories of people, e.g. professions, or famous people. The class is divided into two teams and each team takes turns trying to guess the identities of the opposing players.

Purpose

The game will require the students to practice yes-no questions. It can also serve as a vocabulary review of selected areas, e.g. music, sports, politics, etc.

Preparation

Write the name of a famous person and (optionally) a brief descriptive phrase on each card. All the people should be in the same field, e.g. music. A sample card might read: *Victor Jarra, cantante y músico, música popular; chileno.*

Instrucciones para los estudiantes

1. *Pónganse en dos grupos. Cada grupo va a recibir una tarjeta para cada persona. Todas las tarjetas en un grupo son de la misma categoría. Por ejemplo "música". Tienen que adivinar la identidad de cada persona en el otro grupo. Solamente pueden preguntar 10 preguntas. Las preguntas deben ser contestadas con "Sí" o "No."*

2. *Miembros del mismo grupo pueden ver las tarjetas de los otros en su grupo.*

3. *Ahora un grupo comience con una pregunta. Después el otro grupo hará lo mismo. El grupo que gane será el que adivine la más grande cantidad de identidades.*

Procedure

1. Describe the game to the students and tell what field the personalities are in. Emphasize that questions must be of the yes-no variety and that the respondent answers with only *Sí* or *No*. Explain that only 10 questions may be asked.

2. Divide the class into two teams and hand out the cards. Players may show their cards to others on their team.

3. Assist students who need help identifying their characters by stepping outside the room for private consultations.

4. Alternate the guessing from one team to the other until all students have been quizzed on the identity of their personalities.

5. The team with the most correct identifications wins.

Variations

1. Set a time limit on each 10-question session. A three-minute egg timer is useful for this.

2. Allow one or two questions which are the the yes-no kind and which are not "who are you?"

3. If a team fails to guess the identity of the character, but can make a correct statement of five identifying facts, give them ½ point. Such a statement might be: "*Ud. es un cantante* (1) *chileno* (2) *de música* (3) *revolucionario* (4) *y está muerto* (5)" The statement must be grammatically correct as well as factually correct.

4. Give each student a blank card and announce the category. Each student writes a name he or she knows on his/her card. Walk around and check for duplicates. If two or more students have written the same name, you will probably want to have one or both of them change.

Suggestions shown in this book and others

Other suggestions

1. Estado social (padres, amigo, pariente)

2. Posicón en la escuela (secretario, profesor, bibliotecario, entrenador, director)

3. Héroes (contemporáneos, míticos.)

4. Filósofos

5. Estrellas de la televisión

6. Animales famosos

7. Personalidades locales

Profesiones

médico

científico

abogado

ingeniero

dentista

psiquiatra

enfermera

soldado

político

contador

artista

atleta

actor

escritor

Oficios

carpintero

plomero

electricista

conductor

mozo

pintor

mensajero

vendedor

conserje

taxista

mecánico

minero

granjero

panadero

costurera

Líderes políticos

(pasados)

José de San Martín - Argentina

Evita Perón – Argentina

Salvador Allende – Chile

Mao Zedong – China

Oscar Arias Sánchez – Costa Rica

Ché Guevara – Cuba

José Martí – Cuba

Gamal Abdel Nasser – Egipto

Francisco Franco – España

Isabel La Catolica – España

Cesar Chávez – Estados Unidos

Harry S Truman – Estados Unidos

Mohandas Gandhi – India

Winston Churchill – Inglaterra

Giuseppe Garibaldi – Italia

Benito Juárez – México

Pacho Villa – México

Vladimir I. Lenin – Rusia

Simón Bolívar – Venezuela

Pintores y Escultores

Miguel Angel – escultor y pintor italiano

Marc Chagall – pintor ruso

Leonardo da Vinci – pintor italiano

El Greco – pintor español

Goya – pintor español

Claude Monet – pintor francés

Henry Moore – escultor inglés

Georgia O'Keefe – pintora norteamericana

José Clemente Orozco – muralista mexicano

Pablo Picasso – pintor español

Rembrandt – pintor holandés

Pierre-Auguste Renoir – pintor francés

Diego Rivera – muralista mexicano

Auguste Rodin – escultor francés

JMW Turner – pintor inglés

Vincent van Gogh – pintor holandés

Andrew Wyeth – pintor norteamericano

Estrellas de cine

Maria Conchita Alonz0

Drew Barrymore

Humphrey Bogart

Sonia Braga

Glenn Close

Tom Cruise

Emilio Estevez

Jane Fonda

Harrison Ford

Clark Gable

Katherine Hepburn

Sophia Loren

Marilyn Monroe

Demi Moore

Ricardo Montalbán

Paul Newman

Brad Pitt

Julia Roberts

Elizabeth Taylor

John Travolta

Rodolfo Valentino

Escritores

Rubén Dario – poeta nicaragüense

Miguel de Cervantes – autor español

Julia Alvarez – novelista dominicana

Isabel Allende – novelista chilena

Sandra Cisneros - novelista mexicano-americana

Maya Angelou – poeta norteamericana

Laura Esquivel – novelista mexicana

Jorge Luis Borges – poeta argentino

Federico García Lorca – dramaturgo español

Pablo Neruda – poeta chileno

Gabriel García Márquez - escritor colombiano

Octovio Paz – ensayista mexicano

Ernest Hemingway - novelista norteamericano

Agatha Christie – escritora inglesa

Anton Chekov – dramaturgo ruso

Emily Dickinson – poeta norteamericana

Leo Tolstoy – novelista ruso

Edgar Allen Poe – poeta y escritor norteamericano

William Shakespeare – dramaturgo inglés

Thomas Mann – novelista alemán

Científicos

Marie Curie – química polaco-francesa

Charles Darwin – naturalista inglés

Rudolf Diesel – ingeniero mecánico alemán

Thomas Edison – inventor norteamericano

Albert Einstein – físico alemán-norteamericano

Enrico Fermi – físico italiano

Alexander Fleming – bacteriólogo inglés

Sigmund Freud – psiquiatra austríaco

Galileo Galilei – astrónomo y físico italiano

Edwin Hubble – astrónomo norteamericano

Alejandro de Humboldt – explorador y naturalista alemán

Carl Jung – psiquiatra suizo

Margaret Mead – antropóloga norteamericana

Isaac Newton – matemático y filósofo inglés

Louis Pasteur – químico francés

Andrei D. Sakharov – físico ruso

Jonas Edward Salk – bacteriólogo norteamericano

James D. Watson – médico norteamericano

Atletas

Bjorn Borg – jugador de tenis, sueco

Wilt Chamberlain – jugador de baloncesto, norteamericano

Roberto Clemente – jugador de béisbol, puertorriqueño

Chris Evert-Lloyd – jugador de tenis, norteamericano

Juan Fangio – corredor de coches, argentino

Michael Jordan – jugador de baloncesto, norteamericano

Nancy Kerrigan – patinadora, norteamericana

Nancy Lopez – jugadora de golf, mexicana-americana

Manolete – matador, español

Diego Armando Maradona – jugador de fútbol, argentino

Muhammad Ali – boxeador, norteamericano

Pelé – jugador de fútbol, brasileño

Mary Lou Retton – gimnasta, norteamericana

Ivan Rodrigues – jugador de béisbol, puertorriqueño

Bill Rogers – corredor, norteamericano

Lee Trevino – jugador de golf, mexicana-americana

Fernando Valenzuela – jugador de béisbol, mexicano

Guillermo Villas – jugador de tenis, argentino

Tiger Woods – jugador de golf, norteamericano

Músicos

Louis Armstrong – trompetista de jazz, norteamericano

Joan Baez – cantante folklórico, norteamericana

Ludwig Beethoven – compositor, alemán

Plácido Domingo – contante de ópera, español

Gloria Estefan – cantante popular, cubana-americana

Whitney Houston – cantante popular, norteamericana

Julio Iglesias – cantante popular, español

Janet Jackson – cantante de música rock, norteamericana

Mick Jagger – cantante de música rock, inglés

Victor Jara – cantante popular, chileno

Bob Marley – cantante popular, jamaicano

Luis Miguel – cantante popular, español

Paul McCarney – cantante de música rock, inglés

Rafael –cantante popular, español

Linda Ronstadt – cantante popular, mexicana-americana

Andrés Segovia – guitarrista clásico, español

Selena – cantante popular, mexicana-americana

Juan Manuel Serrat – cantante popular, español

Mercedes Sosa – cantante popular, argentina

Heitor Villa-Lobos – compositor, brasileño